AF467190

DE LA CHAMBRE INAMOVIBLE.

(RÉSUMÉ.)

Qu'on ne se fie pas à quelque éclair fugitif de calme et d'ordre.

En user afin d'éclairer, de ramener les têtes : rien de mieux.

En user ou plutôt en abuser, à l'effet d'ériger, d'organiser les choses à son plaisir : rien de pis.

(*De la Chambre inamovible*, suite.)

PARIS,
A. PIHAN DELAFOREST,
IMPRIMEUR DE LA COUR DE CASSATION,
rue des Noyers, n° 37.
1831

C'est au ministre que vont les paroles.

Qu'il laisse aller les débats, les décrets au sujet de la pairie; qu'il ne s'en émeuve nullement.

En droit, c'est le lot de la chambre plutôt que du cabinet; en fait, peu lui importe et peu nous importe aussi.

Qu'est-ce donc que la pairie, soit en influence, soit en durée, alors qu'elle n'est pas implantée dans les entrailles du pays?

Qu'est-ce qu'une telle question, en présence de la guerre, de la peste, de la famine, l'une et l'autre menaçantes, l'une ou l'autre imminente.

Qu'est-ce que toute question politique, auprès des chances vivement accélérées de la dissolution de l'ordre social?

Puis, en un siècle où nulles choses ne tiennent, peut-être tout dépend d'un homme: pour peu que le sort, aussi bien que le mérite, l'ait installé au faîte.

Puis, dans les crises, l'homme n'est que porte-drapeau: et le drapeau s'abat dans sa chute; et le drapeau opposé s'élève.

Or qui saurait, qui dirait les suites?

Certes, non pas ceux qui agitent à tour de bras le périlleux drapeau, dont le poids les entraîne d'abord, les écrase bientôt.

Finalement, pour un ministre, il ne s'agit pas de son être propre, mais de l'être social.

Au besoin, qu'il se rende victime, qu'il se fasse martyr!

Mais, qu'il ne bouge!

Le temps presse : le temps manque plutôt. Il y a peu de chances d'arriver avant le terme fatal.

A voir comment a été tranchée la question de l'hérédité, on doit craindre que les autres points ne soient expédiés avec autant et plus de précipitation.

Et de là même, dérive le plus fort argument contre le mode de création de la chambre inamovible : car toute résolution prise, comme dans un accès de vivacité, est accueillie avec indifférence, si ce n'est même avec défiance, avec répugnance.

A peine y a-t-il moyen de donner un faible résumé, appuyé par quelques passages des écrits antérieurs.

En thèse générale, il est absurde qu'une chambre souveraine à juste titre, crée une chambre co-souveraine à titre égal.

Il est absurde qu'un pouvoir enfant comme la couronne, procrée un pouvoir père, comme la pairie.

Non pas qu'on doive en revenir aux assemblées primaires, véritable mystification dans un pays où l'élite de la population est si peu apte en fait de politique, où les masses sont vouées à se laisser mener par le premier venu.

Mais il importe d'instituer l'organisation de la pairie, de façon que les classes les plus instruites, les plus intéressées, soient appelées à désigner au moins les candidats.

En thèse spéciale, la pairie héréditaire ayant été rebutée, à plus forte raison, la pairie viagère à la nomination du prince, ne peut être acceptée.

La pairie viagère n'est pas viable ; non-seulement parce qu'elle serait forcément dans la dépendance, mais encore parce que les hommes de marque ne voudraient pas en faire partie.

Et faible en talent, faible en caractère, aussi bien qu'en durée, il n'y aurait d'autre alternative, sinon qu'elle languit et périt sous les coups du ridicule et du scandale ; ou qu'elle fût détruite, brisée par quelque crise subite et violente.

Tellement que le paratonnerre élevé au faîte de l'édifice social, dans la vue de le garantir des orages, ou l'écraserait de son poids, ou ne manquerait pas d'attirer la foudre.

Tellement que la pairie héréditaire d'abord, que la pairie viagère ensuite, l'une et l'autre abandonnées au choix du cabinet, doivent être récusées et repoussées, au moins par ceux-là dont la foi intime, profonde, constante, est ceci :

Que de la chute, de la ruine de l'ordre existant, il n'y a à surgir qu'une ère illimitée de désastres progressifs : dont le terme enfin obtenu par l'excès même des horreurs, tromperait les espérances fondées sur le passé, et tuerait les chances issues de l'avenir.

Venons au fond.

Et d'abord disons que c'est une question de fait et non de droit ; *qu'il n'y a que des questions de temps chez les hommes.* (*Quotidienne.*)

Alors que le fait a éclaté avec ses foudres, rien ne survit du droit, qu'un vague écho.

Attendez. Ou le fait sera mis à néant, frappé d'un coup en sens inverse : ou le fait, venant à prendre racine, produira un droit analogue.

Ici, ce dernier cas est supposé.

Or, qu'on ne tente pas d'appuyer le fait nouveau sur les étais de l'ancien droit, qui n'ont plus de bases.

Tout est changé. Les mêmes besoins comme les mêmes moyens, n'existent plus.

« Arrière donc, ces deux espèces d'hommes d'Etat, qui n'entendent pas leur métier, ou n'entendent pas leur devoir.

« Les uns fauteurs de la révolution, dont le génie s'est épuisé ce semble, dans l'acte de la conception, manquent à sustenter leur œuvre à peine naissante.

« Les autres martyrs de la fatalité, sont parvenus seulement à se résigner, et s'arrêtent au rôle de spectateurs, ne s'élèvent point au rang d'acteurs.

« Tous de même, laissent aller la chose publique à travers les hasards périlleux, ou la font aller suivant des règles surannées.

« Nul ne voit que la puissance inexorable du fait, a tout culbuté, a transporté le salut où résidait la perte. » (*La Loi des circonstances*, octobre 1830.)

Alors ces vérités ont été méconnues et probablement, elles le seront maintenant.

Partout, toujours, l'homme perd la chose; et partant, se perd lui-même.

A l'envi, on se fait une passion, de sa religion, et une religion, de sa passion.

De bonne foi, l'intérêt est pris pour le droit, comme les vœux se confondent avec les espoirs.

Et la raison est tenue sous le joug, la conscience se met au service de la personnalité.

Ainsi, les propriétaires et même les industriels, ont craint la rivalité des classes instruites : et, en les jetant en dehors, ont réussi à les rendre ennemies.

Au lieu que Napoléon, meilleur juge, avait formé les collèges des *dotti*, des *possidenti*, des *commercianti*.

Ainsi, un grand nombre d'êtres puissans, défendront l'hérédité de la pairie.

Les uns qui en sont investis et n'ont pas conçu encore, qu'à *fortiori*, une pairie de quinze ans s'écroule avec une royauté de huit siècles :

Les autres qui se bercent d'espoirs vaniteux,

et ne cessent pas de croire qu'ils ont le droit d'y être admis, qu'ils auront le moyen de s'y maintenir.

C'est justement le contraire.

Quant à ceux-là, on ne peut nier les préventions, les répugnances attenantes à leur origine.

Quant à ceux-ci, ils s'attribuent des titres de mérite. Ils ne possèdent que des titres à l'envie, parfois à la haine ou au mépris.

L'envie s'émeut contre toute personne : et c'est un tort, c'est un vice.

La haine ou le mépris s'élèvent contre certaines gens : et ce n'est pas une faute, pas même une erreur.

Nul n'est appelé par l'opinion : voilà le mot fatal.

Où rencontrer le renom ? Comment s'accorder sur les talens, les services ? en aucun lieu ! par aucun moyen !

Il a été fait place nette. Le niveau a passé maintes fois, sur toutes les existences morales et politiques.

L'espèce s'est vue égalisée et rapetissée à la taille moyenne.

D'autant, il serait émis de ces pairs-là ; d'autant la pairie serait abattue, assommée sous le poids.

Mais d'avance, la pairie a été gâtée, perdue.

Elles n'ont pas été comprises à temps, ces paroles prophétiques.

« Il n'y a pas loin de la dégradation de la pairie,

à la dégradation de la royauté. » (*La Pairie*, juillet 1827.)

Du même coup, la pairie, la royauté ont été tuées : leur résurrection n'aurait lieu qu'ensemble, jamais à part.

En attendant, le nom même est à changer. A un sénat usé, la pairie succéda : à une pairie finie, que le sénat soit substitué.

Et il faut puiser à une autre source. Le trône est trop jeune pour enfanter : il emprunte encore, il ne prête pas déja, la puissance.

Disons tout.

Ce qui était, n'étant plus, ce qui devait être ne peut plus être.

Le principe de la souveraineté du peuple, installé à titre de dogme suprême, tourne au despotisme, à la tyrannie.

Essentiellement, il est suicide; subséquemment, il devient légicide, liberticide.

Sous son empire, aujourd'hui dévore hier, et demain dévore aujourd'hui, à n'en laisser ni débris, ni traces.

Dès-lors, l'État ne peut prendre l'aplomb, ne peut garder l'équilibre que par la lutte de forces bastantes.

Il faut que l'élément de la pairie ou du sénat surgisse de la source même, d'où jaillit l'élément de l'autre chambre.

La vérité caractéristique du siècle vient à propos en 1831, comme en 1826.

« C'est la monnaie du maréchal de Turenne. Ce seul mot établit l'excellence du système représentatif, parce qu'il en démontre la nécessité.

« Turenne meurt : le grand homme s'éteint pour ne renaître jamais de ses cendres. Une semblable fatalité se rencontre dans la marche progressive de la civilisation : à chaque pas qu'elle fait en avant, on voit s'apauvrir le génie, s'affaiblir le caractère, s'amollir la conscience. Il n'y a plus d'homme.

« La volonté telle qu'il la faudrait, n'existe point : les forces physiques sont restreintes, et les puissances morales se nivellent. Plus que jamais les valets font foule, mendiant un signe, se pavanant sous la livrée : seulement le maître manque.

« Dans cette fausse position, il n'y a d'autre ressource que de fabriquer le pouvoir de toutes pièces, d'appeler et rallier des fractions de force, pour en composer un bloc de puissance. (*Le Ministre*, 1826.)

L'homme à part est à laisser : les hommes en masse sont à prendre.

Même, quant à l'élément de la pairie, la consistance, la tenacité sont requises à un plus haut degré, que pour l'élément de l'autre chambre.

Car l'office du premier pouvoir est de mettre arrêt, de retenir et contenir, par cela même que le sort du second, est d'imprimer, de presser le mouvement.

Déja, l'élément de celui-ci est mobile et variable à l'excès, provenant du mode d'élection directe.

Tellement qu'à ne parler que des élections de 1824 et 1827, de 1830 et 1831, si contrastantes entre elles ; la France se voit menacée d'une révolution radicale, en l'un ou l'autre sens, à l'avènement de chaque députation.

C'est à quoi on doit parer, à quoi on ne peut parer qu'au moyen de l'institution du pouvoir permanent.

Qu'y a-t-il en France? Rien qu'une poussière d'existences éparses, qu'enlève le souffle du vent et qui s'amoncèle en tourbillon.

Il reste à fournir des noyaux d'attraction, à former des centres d'agrégation.

Le sol et le temps ont tracé les provinces : les mœurs et les usages ont rallié les provinces.

L'univers entier en sent le prix, en tire parti : et la France les tient en mépris, en défiance.

Là seulement, réside la liberté civile, la liberté réelle, la liberté générale et permanente.

De là seulement, découle la liberté politique, si souvent offensive, si souvent oppressive.

Entre les formes républicaines, tout-à-fait incompatibles, et les formes monarchiques, à peu près impraticables, se présentent les formes fédératives.

La vieille Suisse, la jeune Amérique, montrent le modèle, apportent la preuve.

Devant la nouvelle ère, au milieu du travail le plus laborieux, telle est la voie qui s'ouvre, telle est la fin qui s'offre.

Qu'on refasse donc les provinces.

Que les états provinciaux soient nommés par les cantons ruraux, par les communes urbaines.

Et qu'ils opèrent le choix sous des formes solennelles; qu'ils méditent le choix à reprises lointaines; qu'ils proclament le choix, d'une voix haute et forte, des membres à vie ou à temps, du pouvoir conservateur et modérateur.

Sage par instinct, la mouche éphémère joue et jouit, et se laisse mourir.

Au contraire, fou par raison, ce semble, l'homme, éphémère aussi de nature, et de plus éphémère de volonté, à tout instant, se prend d'une rage d'éternité.

Lui est-il laissé un jour à respirer? Rien ne l'apprend. Il se donne des siècles à régir; cela console.

Encore, à titre de père de famille, l'hérédité en souffle l'idée, en donne le droit et le moyen.

Mais en tant qu'individu, l'ambition, qui s'enfle en raison de cette alonge imaginaire d'existence, compromet d'autant plus le repos des Etats.

Mais en tant qu'être social, les conceptions qui

s'extravasent en même proportion, perdent la société, à peu de jours de date, en prétendant la garantir à quelque échéance lointaine.

Ainsi la septennalité devait calmer les factions, rallier les opinions, consolider la monarchie à jamais. (M. de Chateaubriand : *Débats*, 22 novembre 1823.)

Quatre ans se passent, et la chambre de 1827 vient ébranler, affronter, renverser le trône.

Ainsi la loi du droit d'aînesse, sauf pourtant que les parens n'osassent s'y soustraire, devait avant un ou deux siècles, procréer une aristocratie tutélaire.

Un pareil temps s'écoule, et l'aristocratie existante, étai indispensable de la dynastie, disait-on, est rompue, est abattue, l'entraînant dans sa chute.

Ainsi la fonte soudaine de quatre-vingts pairs devait permettre de réorganiser le système des provinces, de ressusciter le suffrage universel et les Etats-généraux. (*Gazette de France*, 1830, 1831, etc., etc.)

Du même trait de plume, les collèges sont réunis, et ils vont, en réponse au défi, renvoyer autant de députés hostiles.

Faut-il remonter plus haut, et retracer les avortemens successifs du conseil des anciens, du sénat impérial, et, comme il est trop clair, de la pairie royale ?

Institutions à jamais protectrices, conservatrices, selon l'idée commune : que quelques années ont vues poindre, briller et s'éteindre.

Or jamais les présages ne furent moins propices : alors que la société vit au jour le jour, essayant en vain de se rattacher à la veille, à peine espérant d'atteindre au lendemain ;

Alors que la société, brisée et broyée sous la roue révolutionnaire, ne présente plus qu'un amas de fragmens, de taille informe et de poids analogue.

A l'effet de fonder l'édifice grandiose, on aurait justement pour intervalle le cours d'un soleil à l'autre, et pour matériaux une poussière impalpable.

Et notez qu'en travaillant ainsi en vue, en regard de l'éternité, on encourrait d'autant plus la chance périlleuse de bouleverser le sol tremblant du présent.

De là, ceci est à dire au préalable.

En fait de la pairie, il y a beaucoup de peines à prendre, peu de profits à retirer.

Comme aussi le champ d'exploration est indéfini, et les limites de démarcation sont équivoques.

Que le cabinet se résigne donc à laisser aller l'imagination, suivant son caprice, à la laisser vaguer et extravaguer, à quoi elle ne manque jamais.

S'il ne lui est pas donné d'intervenir dans ses

rêves, qu'il apprenne à se soumettre, qu'il évite de se révolter, surtout qu'il ne se retire pas.

L'éternité, vers laquelle sont tournés les plus vains efforts, sera consommée sous peu, et cédera la place à quelque autre éternité de même sorte.

Au lieu que l'instant même, que cet instant qui verrait succéder au cabinet actuel un nouveau cabinet, peut-être ouvrirait un cours illimité de catastrophes.

En présence, en balance, se rencontre une éternité illusoire vis-à-vis des temps trop réels.

Que ce soit une pairie héréditaire ou viagère, un sénat monarchique ou populaire, cela fera du bruit, de l'éclat, déja prêts à s'évanouir.

Qu'il y ait tels ou tels autres ministres, et quoi qu'ils veuillent, quoi qu'ils disent ou fassent, le feu prend aussitôt, court de lieu en lieu, ne laisse qu'un monde de cendres.

Telle est l'alternative.

Or ces paroles viennent d'une bouche qui, jamais aux temps passés et moins que jamais aux temps présens, ne donna passage ni à l'éloge adulateur, ni à l'intrigante supplique.

« Une révolution détruit les conditions présentes, et porte les futures conditions de la société.

« On doit les accepter, les accomplir, afin de

garantir la société, contre l'avènement d'une phase subversive :

« On ne peut en chercher, en rencontrer ailleurs; à moins de libérer la société au moyen d'une crise inverse.

« De plus, la société ne sortira de l'état de révolution, qu'après l'achèvement de l'opération.

« Jusqu'alors, toutes les têtes sont en travail, toutes les existences en suspens, toutes les fortunes en danger.

« Qu'on examine donc ! Qu'on détermine d'un coup d'œil pris de haut, ce qui est convenable à faire.

« Et qu'on agisse à l'instant même : ensuite qu'on se repose à demeure.

« Là, est le point d'arrêt.

« Là, il faut se fixer, se tenir; il faut combattre et périr, plutôt que de céder en rien.

« Un pas de plus, un pas de trop, jette sur la voie fatale, pousse à l'abîme extrême.

. . . .

« Il n'existe que la forme, que l'ombre d'un trône : tout prestige s'est évanoui; ni le sentiment, ni le dévouement ne renaissent de la tombe.

« La force morale n'est plus : la force judiciaire et la force militaire ne sont rien.

« La force rationnelle reste seule; et cette force réside dans l'opinion.

« Obéit qui veut : en dernière analyse, telle est l'expression de la société actuelle.

« L'opinion formée commande l'autorité : c'est à l'autorité de former l'opinion.

« Immédiatement, elle s'y trouve inepte : indirectement, qu'elle se montre donc habile ?

« Son métier est de mettre en présence, en lutte, l'opinion avec l'opinion.

« Il faut la décentraliser, et multiplier ses foyers, éparpiller ses échos.

« Au lieu qu'une voix unique éclate et tonne, mille et mille voix se couvrent, se confondent. »

....

« Il importe de ne pas agir à rebours de l'état des choses, en contre-sens de la nature des faits.

« Aristocratie, démocratie, ces mots qui indiquaient les bannières, qui marquaient les limites de deux camps ennemis, sont devenus de vains signes.

« Celle-là ne vient à naître que dans l'acte de la conquête, ou par le laps du temps ; celle-ci ne prend un être, qu'autant que la première commence à faiblir.

« Or, il n'y a point de force à obtenir des fantômes ; il n'y a point de repos à fonder sur des ombres.

« Dans la vérité, la France présente une bourgeoisie active, qui attend d'être éclairée, d'être guidée.

« La France annonce une *ruralité* (si on peut employer ce nom) inerte et débile, qu'il y aurait à animer, à fortifier peu à peu.

« A peine faut-il parler de la dernière, son organisation n'étant guère possible, qu'au moyen du patronage des châteaux.

« La bourgeoisie seule, est vivante : c'est de son sein qu'est issue la révolution ; c'est par ses soins que la monarchie peut durer. » (*La Loi des Circonstances*, 1830.)

Sans les provinces point de pairie, point de monarchie, point de patrie ;

Sans les provinces, point de nation, du moins en ce sens qu'elle ait opinion, volonté, puissance.

Il s'agit non-seulement d'organiser la pairie, mais encore d'organiser la patrie ;

Ou plutôt celle-là, existence accidentelle et secondaire, ne prendra vie qu'après celle-ci, existence première et essentielle ; attendu qu'elle ne peut tirer vie que d'elle.

Au lieu d'un cercle vicieux, c'est un cercle propice : l'un et l'autre de même, irrésistibles, inextricables.

Aussi cela sera, cela se fera ; mais peut-être à la suite d'affreuses crises ; à travers des désastres de toute sorte :

Le pouvoir manquant à son devoir, le droit l'abandonne et passe du bord opposé, consacre un pouvoir ennemi.

Le fédéralisme de 1793, qui éleva la bannière

des temps futurs, n'attend pour reparaître que l'avènement de causes analogues.

Cette fois, il triompherait, la force centrale ayant diminué, la force centrifuge s'étant accrue.

Car les lumières en se propageant, parviennent à prendre le niveau; et elles fomentent l'union, concentrent les moyens, dirigent les actes.

Ainsi donc, enfin donc, la patrie, vain mot encore, sera constituée ou plutôt instituée.

Cela fait, tout est réglé, fini.

Alors, de même qu'à présent, mais par la raison inverse, à peine faut-il parler de la pairie.

La patrie vraiment instituée vit à part de la pairie; au lieu que la pairie constituée au mieux, se meurt à défaut de la patrie.

Cela fait, tout tient, tout dure.

Chose manifeste au rappel de la mémoire! entre les mille et mille torts du long ministère, le suprême délit est encore de n'avoir pas organisé les provinces, de n'avoir pas soufflé le principe de vie aux membres de l'Etat;

De façon que, frappés d'atonie, privés de tout ressort, au premier coup, ils se sont affaisés, ils ont été abattus.

Chose palpable au regard de l'intelligence! entre les mille et mille périls du trône nouveau, l'unique voie de salut est d'organiser les provinces, de rendre le mouvement, de donner la force aux membres de l'Etat.

En sorte que l'impulsion soudainement transmise du centre, cesse d'être servilement accueillie sur tous les points.

C'est si simple à comprendre.

« Ayez des communes, et la patrie apparaît ; ayez des provinces, et la patrie naît, grandit, domine.

« La nationalité, l'individualité, sont choses essentiellement incompatibles.

« Même des anges, des génies, chacun isolé à part, tous entassés au hasard, seraient impuissans à savoir, incapables de vouloir.

« L'instinct, mobile uniforme, permanent, est encore confiné aux fourmillières : jamais l'intelligence, puissance variable, incertaine, n'y équivaudra.

« Les communes feront les provinces ; les provinces feront la nation.

« Veut-on la justice relative ? il faut que les besoins soient appréciés, que les vœux soient précisés, que les droits soient balancés, enfin qu'il y ait transaction.

« Veut-on la liberté, l'égalité, la souveraineté ? il n'y en a point sans l'indépendance des volontés, sans l'influence des opinions.

« D'autant que Paris aura beaucoup de l'une ou de l'autre, d'autant il y en aura peu pour la France.

« Paris fait usage de ses droits politiques, comme d'une arme à deux fins ; renversant d'un coup le gouvernement, écrasant de l'autre la France même.

« Pendant les crises, maintes fois la révolution y a fait explosion dans les rues, a couvert le sol entier de ses éclats bruyans.

« Dans l'état de calme, toutes les affaires y sont appelées, toutes les places lui sont attribuées.

« Paris fait masse : la France est brisée, est éparpillée en fragmens, en atomes.

« Il n'y a que douze députés de Paris; il y en a quatre cent vingt de la France : ceux-ci se laissent étourdir par le prestige, éblouir par les faveurs.

« L'ascendant d'une part, l'asservissement de l'autre, sont parvenus à ce terme extrême, qu'à peine le mal se fait sentir, qu'encore la plainte ne s'est guère exhalée.

« On doit entendre que la mesure, appropriée aux plans de 1790, contrarierait les espoirs de 1830.

« Les provinces ont été détruites dans la vue de soumettre la France aux mêmes lois bursales, de la réunir en un corps compact.

« Ainsi l'ordonnait la leçon des temps passés.

« Les temps actuels, si différens des anciens, dictent une leçon toute contraire.

« L'esprit répulsif des pays d'état amenait des obstacles; l'esprit exclusif de Paris annonce des désastres.

« En prétendant réduire la France à l'unité, on ne s'est pas douté que, sauf le chef-lieu, les diverses contrées ne représenteraient que des zéros. » (*La Loi des Circonstances*, 1830.)

Qu'on observe celui qui se fit empereur, marchandant les suffrages, et payant à prix débattu, en raison combinée du mérite reconnu, du scrupule prétendu.

Aux uns le sénat, aux autres le tribunat : pour lui le consulat. Et le marché se conclut, l'affaire fut baclée.

Or, quelle ressemblance, quelle identité, du moins à l'aspect, s'il advenait que tels et tels fussent installés sur les sièges du Luxembourg.

Et il manque l'épée de Brennus, si propre à faire pencher la balance du bord inique : il manque le vote des assemblées primaires, si habile à couvrir les saletés, du vernis le plus faux.

Aussi l'humeur prend, l'humeur gagne : et procédant par le mépris ou par la violence, elle mine ou foudroie la pairie à peine enfantée, non sans compromettre la couronne créatrice.

Jugez donc comment dans l'attente du coup fatal, sous la menace de l'épée suspendue, la pairie craintive va s'effacer, s'esquiver, s'évanouir.

Ce n'est plus qu'une vaine ombre, servilement attachée à l'être de l'opinion, et de même que lui, tournant à droite ou à gauche, se portant en avant, se rejetant en arrière.

Mieux vaudrait mille fois qu'il n'y eût pas de

pairie ; alors que son influence, son autorité, pour le peu qu'il en survive, se tiendrait à la commande des caprices, des passions.

Jamais il ne fut plus folle, plus fausse idée.

On entendait conserver en place et rehausser en crédit les pairs existans ; on prétendait même, en les mettant à couvert sous leur abri, ancrer dans la faveur populaire les pairs naissans.

C'est tout le contraire.

L'ancienne pairie vermoulue par l'action de tant de causes, peut à peine se maintenir, ne peut pas soutenir.

L'ancienne pairie déja ébranlée, bientôt écrasée sous son propre faix, ne résiste pas à la charge nouvelle.

Mais qu'on voie donc afin de prévoir : qu'on se rappelle donc le passé afin de se représenter l'avenir.

L'arbitraire appelle, amène l'arbitraire : c'est la loi du talion, toujours équitable en principe, souvent funeste dans les conséquences.

Par exemple, en 1827, un coup de désespoir, autant et plus contraire à l'esprit de la charte que celui de 1830 n'était opposé à la lettre, jette ou vomit, entre les rangs de la pairie, un tiers de nouveaux venus :

Ceux-là triés parmi les châteaux de province, au poids des espèces sonnantes ; ceux-ci marqués sur les bancs de la chambre, d'après la coche courante des votes.

De là, nomination de députés hostiles; de là, abattement des défenseurs du trône; de là, concession de lois censées populaires.

Puis, acculement de la royauté au pied du mur; et pour parler ainsi, rébellion obligée de la royauté; et avènement d'un cabinet faisant peur par les noms, donnant cœur par les actes.

Enfin, adresse audacieuse en menaces, téméraire en espérances, déplorable en résultats; après quoi, dissolution, réélection, révolution, réaction.

Le reste est connu. La loi du talion exerce sa justice : on s'étonne à peine, on ne s'oppose nullement.

Le papier et l'esprit passibles au même degré, laissent biffer d'un trait de plume, les quatre-vingts noms inscrits d'un trait de plume.

Pareille chose se reverra, quand pareille chose aura été vue.

Voilà donc la liste de vos pairs; pas même bien venus à l'instant, et sous peu mal venus outre mesure.

Il n'importe que leurs titres soient ou ne soient pas éminens; chose à peu près impossible à constater.

Naguère ils étaient prônés par beaucoup de gens : maintenant ils le sont par peu : bientôt ils ne le seront plus que par eux-mêmes.

Passons là-dessus : l'arrêt de l'opinion est rarement pris pour cause d'indignité ou de mérite.

Le nœud est ailleurs : les promus tombent comme grêle, et s'amoncèlent en bloc, et comblent l'enceinte. Délit impardonnable.

Les promus émanent de date toute fraîche en ce moment; de date déja surannée avant peu de temps. Défaut irréparable.

Et la mémoire s'éteint vite, et les passions se succèdent sans cesse. Que dire de plus?

Le siècle est dévorant.

Les illustrations de l'antique monarchie, non certes, sans qu'il y ait de leur faute, et par conséquent sans qu'il reste quelque remède, se sont obscurcies, se sont éteintes.

Les glorieuses notabilités de l'empire, car il n'y a pas à parler des honteuses notoriétés de l'époque antérieure, ont pâli, ont passé, à ne plus jeter qu'un reflet équivoque.

Les réputations de la royauté nouvelle, ressuscitées de la monarchie et de l'empire, ou créées pendant la restauration, assez rares d'ailleurs, ont été limées, usées, à ne plus dépasser le niveau commun.

Que dire des renommées fantastiques ou plutôt fantasmagoriques qui soudain viennent à planer comme sur nos têtes, et soudain vont s'enfuir sous les ténèbres éternelles ; dont l'apparition ne date que d'une année?

Maintenant, si la nomination des pairs était

laissée à la couronne, il faut choisir ou de raffermir les bases, de cimenter les élémens de la pairie actuelle, ou de reprendre la bâtisse dans ses fondemens, et de la construire avec des matériaux nouveaux.

De toute part, on ne voit qu'écueils.

D'abord, il serait fait emploi des trois premières catégories, dont les titres qui ont brillé un jour ou deux, sont surannés à cette heure, sauf quelques exceptions dans la seconde.

Or qui ne sait, quelles sont les répugnances, les préventions, les défiances, les jalousies, les haines? Il n'est langage qui puisse le rendre.

De plus, des fautes ont été commises, des torts se sont succédé; et dans la sphère politique, l'expiation est toujours certaine, bien que souvent lointaine.

Tout corps, tout être qui ne fait pas face à l'ennemi, qui en vient aux faux-fuyans, reste à la merci, tombe sous les coups.

La pairie s'est manqué à elle-même, en fléchissant devant l'illégale, la déloyale nomination de pairs en 1827.

En outre, elle a manqué au pays, en ne se prononçant en aucun sens, lors de l'adresse de 1830 : car son poids eût emporté l'un ou l'autre bassin, déterminant le changement du cabinet ou s'opposant à la sortie de l'autre chambre.

Depuis la révolution, la pairie n'a pas su reprendre de l'ascendant, ni en allégeant les hideuses charges de la presse, ni en revenant sur le sot refus des adjonctions.

Elle n'a su que perdre de plus en plus en force, par la tentative vraiment inqualifiable, de réduire le nombre des électeurs, au moyen d'une manœuvre astucieuse, dont le succès profitait peu, dont le secret se dévoilait trop.

Pourtant c'est peu, tant les traces s'effacent vite de la mémoire française : voici ce qui est tout.

Il y a environ 180 pairs assermentés. Et, sauf dans le procès des ministres, où tant de gloire fut acquise, il n'en apparaissait naguère que 90 ou la moitié ; maintenant il n'en apparaît que 60 ou le tiers.

Ici, quelle que soit la cause, ou généreuse ou vaniteuse, il y a plus qu'une désertion temporaire, il y a une pleine abdication.

Faudrait-il donc prier et supplier les pairs, de remonter sur leurs sièges? Faudrait-il, afin d'obtenir une telle grace, accommoder les sièges à leur bon plaisir?

Et cela étant accompli en tout point, d'où viendrait la garantie, que la chambre législative, que la cour judiciaire se tînt suffisamment garnie, en matière de seigneuries.

De là, c'est une entreprise à peu près impossible, que de relever l'ancienne bâtisse ; comme ce serait une tentative presque impraticable, d'édifier une bâtisse nouvelle.

Pour refaire à neuf la pairie, on aurait à prendre

dans la dernière catégorie, c'est-à-dire, parmi les renommées subitement écloses sous la canicule de 1830.

Mais ne voit-on pas qu'entre cette catégorie et les précédentes, l'impopularité est déja au niveau, sera bientôt au-dessous du pair.

Encore, pour les adversaires de tout temps, quoiqu'il plaise de dire, quelque estime, quelque respect, survivent ou renaissent ; au lieu que vis-à-vis les ennemis de la veille, la haine et le mépris s'animent mutuellement.

Encore, quant aux vaincus, les réflexions tardives, les appréhensions prolongées, ramènent à de meilleurs sentimens ; tandis qu'envers les vainqueurs dissidens, le dur mécompte n'inspire que rage et horreur.

On peut se rappeler Mounier, Mirabeau et Barnave ; Brissot, Danton, et Robespierre, précipités des nues de l'adoration, dans la fange de l'exécration.

« N'est-ce pas pitié qu'on sacrifie à des intérêts de parti, les intérêts de la morale, de l'ordre, de la sécurité publique. » (*Débats*, 19 septembre.)

Eh, bon Dieu ! ceux qui le reprochent à d'autres ont à se le reprocher à eux-mêmes. Que n'ont-ils daigné entendre dans les temps ?

« Tel est le Français, que l'amour de la liberté ne lui parle pas, qu'il ne répond qu'à la haine de l'autorité. On ne l'entraîne à la liberté qu'en l'excitant contre l'autorité; et, d'autant qu'il est besoin d'exalter la fougue, la furie, d'autant le poison est versé à plus forte dose.

« Ainsi le temps arrive, est arrivé peut-être, où, pour le pouvoir existant, il y a peu de chances de se rétablir; où, pour le pouvoir remplaçant, il n'y a plus de chances de s'établir.

« Folles gens! ils travaillent à miner l'autorité légitime, à dissoudre le ciment de l'ordre social; et c'est dans la vue, dans l'espoir de fonder sur ses ruines leur puissance, de relever, de raffermir l'édifice avec des liens de fer.

« Encore, l'autorité en exercice se laisse transférer à l'usurpateur qui l'enlève d'un coup de main; mais avant qu'une conspiration de longue haleine ait réussi à s'emparer du siège suprême, l'autorité avilie, abattue par tant de manœuvres, a cessé d'exister.

« Sottes gens! ils entendent, un jour venant, faire de l'oligarchie, peut-être de la monarchie, enfin quelque gouvernement de sorte ou d'autre; car avant tout, après tout, il leur faut régner.

« Et ces armes, ces outils, dont ils dirigent encore le coup, sont façonnés à l'usage, sont appliqués à l'œuvre, par la licence, par l'anarchie.

« Vaines gens! ils s'imaginent au creux de leur cerveau, que cette foule, cette cohue qui se tient à leur suite, sera toute heureuse et toute aise, au terme du triomphe, de se donner pour maîtres quelques parvenus de tribune, quelques revenans de l'empire.

« Tandis qu'au contraire, une jeunesse dogmatiquement libérale, une peuplade radicalement immorale ne s'engage ou n'est engagée sous leurs drapeaux, que pour vaincre à son compte, et ne serre de si près les chefs, que pour leur passer sur le corps.

« Qu'on se rappelle donc 1790, 91, 92, 93, 94, etc., etc., car dans la bande, où est le Buonaparte? » (*La Royauté*, 1829.)

Ainsi l'évidence parlait, comme l'expérience avait déja parlé.

Rien n'a été écouté : et du moins, quant à ces partis politiques, l'un de profonds théoriciens, l'autre de subtils praticiens, le motif est palpable.

De leur part, pourquoi ce cri d'anathème contre un cabinet métis (1)? Pourquoi le refus menaçant de l'impôt? Pourquoi l'adresse chargée de foudres? sinon afin d'effrayer et d'asservir la couronne, afin de s'approprier, à tout risque, le pouvoir.

Si dans le moment, les présomptions ne semblaient pas certaines, justement la catastrophe

---

(1) Certes, en outre de l'offre faite à M. de Rigny, le choix de MM. de Chabrol, de Haussez, de Courvoisier et même de M. de Montbel, repoussait tout soupçon de tentatives inconstitutionnelles.

s'est opérée comme à l'effet de réaliser les prédictions.

On ne voit qu'égoïsme stupide et qu'imbécille népotisme, parmi ceux que le dernier tour de roue a lancés, a déposés au faîte, pour le quart-d'heure.

Après la révolution, comme pendant la restauration, de même une coterie gubernatrice, dans l'innocence ou plutôt dans la niaiserie du for intérieur, se croit seule en droit et en moyen, se croit unique en crédit, en ascendant.

Encore aux temps passés, du bord de la noblesse qui avait envahi presque toutes les fonctions législatives et administratives, survenaient à l'appui, quelques traces de mémoire, quelques habitudes de vie, quelques influences de bon ton, de bon goût.

Et cependant, c'est là même où résidait le principe efficient, la cause déterminante de la destruction du trône, de la subversion de l'Etat.

Tellement que dans l'immensité des personnes en place, à peine un dixième, un centième est-il en titre de se plaindre des suites ou de blâmer les acteurs, en titre de s'abstenir du remords et d'intervenir pour le retour de l'ordre.

Or voilà qu'à l'exemple, qu'à la façon du corbeau s'imaginant avoir les serres de l'aigle ou du geai se parant des plumes du paon, une volée d'oiseaux pillards échappés d'hier de leur nid et alléchés par quelque aubaine fortuite, prétend se faire une proie de la France.

Et c'est là aussi, d'où jaillissent les risques suprêmes qu'encourt la société.

Tellement que la charge incombe à ceux qui ont combattu le plus franchement pour le maintien de la dynastie, de se jeter avec autant d'énergie au-devant des périls dont est menacée, non plus seulement la monarchie, mais la patrie même.

Il manque à l'homme de voir, de savoir, de pouvoir.

Quoi qu'on dise, les choses en prennent la charge : quoi qu'on fasse, les choses accomplissent la tâche.

Seulement qu'on apprenne à se lier à leur cours, à plier sous leur poids.

Or quant à la pairie, qu'y a-t-il ?

Voilà, que des ordonnances est éclatée une émeute; et que de l'émeute est surgie une révolte; et que de la révolte est provenue une révolution; et que de la révolution s'est élevée la souveraineté du peuple.

Voilà, que ladite souveraineté inhabile à la conception, incapable dans l'exécution, et cependant seule puissante, toute-puissante; soit qu'elle se soit livrée ou qu'elle ait été saisie, est possédée, est exploitée par le pouvoir qui semble en dériver le plus, s'y rattacher le mieux.

Ainsi l'ordonna la force majeure ; et de même elle ordonnera, tant qu'une autre révolution n'aura pas opéré à l'encontre, en sens inverse.

Déja, ce pouvoir ou la chambre élective, obéissant ce semble aux inspirations prophétiques de quelque divinité; avait posé, dans la trop fameuse adresse, les maximes radicales de la nouvelle ère politique.

« Le concours est la condition indispensable.... l'harmonie est la condition nécessaire. »

Et point de concours, puisque la chambre s'y refuse : point d'harmonie, tant que la chambre ne dominera pas.

De là, la royauté foulée sous les pieds, la pairie jetée à l'écart, n'avait plus que le choix, entre se laisser mourir ou se faire tuer.

Ne parlons pas de celle-là qui, troublée par la vaine menace et trompée par des craintes précoces, s'est jetée de propos délibéré dans l'abîme qu'elle-même avait creusé.

Disons seulement de celle-ci, qu'apparemment il ne lui restait de force, qu'à l'effet de se résigner.

Ainsi, le mouvement poursuit sa marche et parvient à ses fins : ainsi, la proclamation anticipée reçoit sa sanction définitive.

Mais qui donc s'imagine qu'il y a encore deux chambres, qu'il y a néanmoins trois pouvoirs ?

La dernière session a vu l'impatience et la colère courir de banc en banc, à l'occasion de la moindre résistance, au sujet du plus modeste amendement, de la part de l'autre chambre.

La session actuelle voit, en même temps qu'il n'est plus fait mention des pairs de France, s'élever, comme à leur place, les députés de France.

La prochaine session verra, non sans qu'il n'y ait à trembler pour les mandataires du prince, ressusciter le titre magique de représentans du peuple.

Tel est l'indomptable torrent. Tant qu'il ne sera pas détourné à sa source, ou qu'il ne se sera pas épanché, épandu dans l'espace, vainement on tenterait d'en réprimer le cours.

Cependant la pairie est à deux fins, devant modérer le mouvement et consolider l'ordre, comme aussi méditer et discuter les lois.

Quant au second point, seul possible peut-être à atteindre, et dès-lors, seul raisonnable à poursuivre, peu de soins et de temps sont requis.

« A cet égard, l'organisation quelconque de la pairie porte une garantie parfaite.

« Il importe peu qu'elle soit héréditaire, ou viagère, ou même temporaire.

« Dans chaque corps, se forme un esprit; entre deux corps, l'esprit rivalise. Cette loi est sans exception. » (*Des Mots vides de sens.*)

On peut s'en remettre, s'en rapporter à la pairie actuelle, laquelle a fait preuve de lumières dans la discussion, a fait preuve de talens pour la conviction.

D'où l'état provisoire, transitoire, n'offrirait nul inconvénient.

Et ce mode est impérieusement commandé, afin de donner le temps d'établir un état définitif qui soit propice, qui soit durable.

Ouvrez le rapport. En soutenant la thèse de l'hérédité, le talent le plus éminent n'a pas même espéré de convaincre, quant à l'application dans les circonstances actuelles.

Seulement, il en a offert la démonstration parfaite, dans la supposition d'un autre ordre de choses : et par cela même, il a fourni la réfutation pleine et entière de la thèse contraire, pour tous les temps et plus encore pour nos temps.

En effet, les pairs viagers ont essentiellement cet inconvénient, qu'ils sont dépourvus de liberté dans l'examen des lois, qu'ils sont tenus sous la dépendance du gouvernement.

Ils ont occasionellement ce désavantage, que le pouvoir débile encore, ne peut les investir de puissance, et que leur impuissance, nuit au pouvoir qu'ils tentent de servir.

Motifs de diverse sorte, qui s'accumulent à leur détriment, et dont le moindre suffit à porter la réprobation.

Or l'un ou l'autre prendrait un caractère plus

fatal, alors que la pairie, à titre héréditaire, serait invitée, serait entraînée à se réduire aux droits de l'usufruitier.

Attendu que même en ne voyant dans cette transaction, qu'un acte de haute générosité, encore il paraîtrait que le salut de l'État a pu seul inspirer un tel sentiment, et par conséquent que la force majeure, s'est manifestée.

A la lettre, ce ne serait rien moins qu'un suicide commis par les pairs; sinon sur eux-mêmes, au moins sur d'autres eux-mêmes, sur les êtres, continuateurs de leur existence.

Ils ont cédé; ils cèderont encore : ils ont baissé de grade; ils baisseront jusqu'au dernier terme.

Tel est l'effet : toujours la concession semble soufflée par la crainte, toujours la dégradation mène à la ruine.

Cependant le rapport établit l'illimitation du nombre des pairs.

Ainsi délaissant le principe reconnu de tout temps, sur la terre classique de la liberté, que la pairie ou le pouvoir modérateur, régulateur, conservateur, doit se tenir dans l'équilibre parfait, doit n'agir que de sa libre et pleine volonté.

Et se laissant induire par la pratique encore inouie de deux anciens ministres; à cette fausse opinion, que le prince a le droit de briser la majorité de la chambre inamovible.

Mais, quelle est donc cette fatalité, que le précédent le plus insolite, le plus illicite, dès-lors qu'il n'a pas été atteint par la vindicte des lois, doive tourner en autorité, entrer dans la jurisprudence (1).

Suivons les conséquences d'un tel principe.

Il existe près de deux cents pairs : dont pas un seul peut-être, n'est fauteur ou zélateur de la révolution de juillet; bien que presque tous sans doute, se soumettent à la puissance du fait et soutiennent l'ordre existant.

De là, le soupçon plane sur eux; les prétextes éclosent autour d'eux : soit défiance, soit convenance, le gouvernement est amené à faufiler entre leurs rangs, une centaine de nouveaux venus.

Puis, le cabinet actuel, qui se sera comporté ainsi, viendra à être supplanté par un autre qui aura à se comporter de même : et du second au troisième, au quatrième, etc., etc., le pouvoir passera de main en main, au même titre, sous la même charge.

« Un célèbre orateur l'a dit : Doit-il survenir soixante pairs pour faire la loi sur la presse; tôt

---

(1) Les périls encourus par suite des créations démesurées de pairs pouvaient être conjurés, au moyen de la mise en accusation des ministres responsables.

Mais les cœurs et les têtes sont trop faibles; il semble que les ministres tiennent au trône : le respect et la crainte dissuadent de les poursuivre.

Il faut réprimer cependant : et si la répression ne dérive pas de la punition, il faut recourir à la prévention. (*Le Statut de la Pairie :* 1828.)

ou tard il en viendra soixante pour la défaire, puis soixante pour la refaire.

« Encore son calcul est trop généreux : il en faudrait cent vingt pour défaire et deux cent quarante pour refaire. Les fournées sont commandées dans la progression géométrique.

« Comptez donc les pairs, par centaine au moins pour chaque année.

« Et observez comment le choix sera d'autant plus périlleux, comment la candidature se propagera de plus en plus, comment l'envie et le mépris enfanteront les haines, les défiances, les répugnances.

« Observez comment l'ordre et l'accord s'évanouiront parmi cette cohue, comment les torts de tel ou tel membre rejailliront sur le corps même, comment le corps perdra ainsi de son influence sur les esprits, de la confiance en ses forces. » (*La Pairie*, 1827.)

Ainsi donc la limitation de la durée, l'illimitation du nombre, concordent et concourent à l'annulation de la pairie.

La magie de l'élection est seule prédestinée, est seulement invoquée à l'effet d'obtenir une force de résistance, pour balancer la force d'impulsion d'une chambre des députés vive et passionnée.

Lequel résultat serait immanquable, pour peu

que le concours indirect pour la chambre des pairs, s'opérât sous un autre mode que le choix direct pour la chambre des députés.

Et voilà justement le point essentiel, capital, qui, peut-être, n'est controversé avec tant de succès apparent, qu'en ce qu'il peut s'accomplir en mille façons différentes, de sorte à laisser dans le vague, à jeter dans le doute.

A peine est-il permis de mentionner le mode d'élection des pairs ou des candidats, qui serait exercé par les corps de l'agriculture, de l'industrie, du commerce, et des lois, des lettres, des arts, composés des membres prééminens.

Tant est grande l'horreur pour l'association des intérêts communs, c'est-à-dire pour l'organisation de la société humaine.

De même, il est défendu de rappeler le mode de présentation des candidats par les assemblées primaires ou cantonnales, au moyen de l'élection à deux degrés, suivant la pratique constante de l'empire.

Tant le système des assemblées primaires est honni et baffoué : moins encore parce que, dans l'état déréglé des esprits, l'anarchie s'en rendrait maîtresse ; que parce que l'opposition dite royaliste feint d'y tenir et pousse à y revenir, dans la seule vue de susciter des ennemis au gouvernement.

En outre, il n'y a guère moyen de reprendre sous œuvre, l'idée d'accorder un droit de présentation à l'une ou à l'autre des chambres, qui n'a été sérieusement émise par personne.

Tant cette idée qui doit épouvanter comme étant nouvelle, et devrait au même titre être étudiée avec scrupule, a été repoussée, rebutée, par le seul motif qu'il pourrait s'introduire et se perpétuer ainsi dans la pairie, l'esprit et les passions de la chambre élective.

Il faut plutôt prendre le type du mode d'élection dans ces paroles du rapport :

« On a proposé de confier le soin de former une candidature, aux conseils-généraux électifs, en les réunissant aux chefs-lieux des cours royales.

« Ce moyen présenterait l'avantage de lier l'institution de la pairie aux institutions départementales, de telle sorte qu'elles se prêtassent un mutuel appui ; mais on se trouve arrêté par la crainte de donner aux conseils-généraux un *caractère politique*, tandis qu'ils doivent être exclusivement occupés d'intérêts locaux. On peut appréhender aussi que cette réunion ne favorise le développement de *certaines idées de fédéralisme*, qui pourraient devenir si fatales à la France. »

Combinaison qui en même temps préviendrait ces deux périls :

« Qu'une chambre des députés, nommée au milieu des passions populaires, cessât de représenter l'opinion ; et que la majorité de la chambre des pairs, partageant les mêmes erreurs, ne pût être brisée qu'à l'aide des candidats nés du même mouvement. » (*Rapport.*)

Ces précieuses paroles viennent apporter la preuve qu'à son insu, l'esprit humain est en marche ; viennent montrer le signe qui trace et marque la carrière ouverte devant ses pas.

Ainsi les temps s'annoncent, bien que de loin : le jour approche où il sera pleinement et généralement compris :

Qu'à l'égard du rétablissement des provinces, la lutte est entre la patrie qui ne vivra pas avant, et un parti tel quel, qui craint de périr alors ;

Que dans la vérité, cette institution étant de nature conservatrice et consolidatrice, tend à maintenir tout pouvoir existant ;

Qu'à son aide, l'antique royauté aurait été préservée, si l'homme de malheur s'était jugé de force à s'occuper des conditions sociales ;

Et de même que la monarchie nouvelle serait protégée, si le cabinet d'ordre et de paix se croyait en puissance de diriger, de dominer le mouvement anarchique.

Le jour approche où il sera vivement et progressivement senti :

Que la centralisation ou le despotisme administratif est inévitable dans le chaos actuel de la société ;

Que la bureaucratie, fatale au chef et aux

membres de l'État, ne peut être extirpée que par l'action libre et large des provinces;

Qu'en somme et en grand, l'association des intérêts personnels ou réels est seule capable de les éclairer, de les garantir;

Que le système naturel des états provinciaux, masqué et honni sous le nom de fédéralisme, doit venir à l'appel de la liberté, à l'appui de l'ordre;

Et qu'alors les révolutions à la minute ne s'opéreront plus; qu'alors aussi les formes politiques quelconques importeront peu.

Toutes choses que le talent aurait à faire valoir, que le temps mûrira à défaut, que les crises accompliront au refus.

DE L'IMPRIMERIE D'A. PIHAN DELAFOREST,
rue des Noyers, n° 37.

www.ingramcontent.com/pod-product-compliance
Ingram Content Group UK Ltd.
Pitfield, Milton Keynes, MK11 3LW, UK
UKHW020412220726
13923UKWH00004B/1906